Daniel Wiechmann

Abnehmen mit dem SPIRALSCHNEIDER

Leckere Low-Carb-Gerichte aus Gemüse

riva

Bibliografische Information der Deutschen Nationalbibliothek
Die Deutsche Nationalbibliothek verzeichnet diese Publikation in der Deutschen Nationalbibliografie.
Detaillierte bibliografische Daten sind im Internet über http://d-nb.de abrufbar.

Originalausgabe
1. Auflage 2017

Nymphenburger Straße 86
D-80636 München
Tel.: 089 651285-0
Fax: 089 652096

Redaktion: Eva Siegmund
Umschlaggestaltung: Laura Osswald
Umschlagabbildung und Abbildungen im Innenteil: Daniel Wiechmann; außer S. 5: thefoodphotographer/Shutterstock.com
Satz: Satzwerk Huber, Germering
Druck: Florjancic Tisk d.o.o., Slowenien
Printed in the EU

ISBN Print 978-3-7423-0156-7
ISBN E-Book (PDF) 978-3-95971-602-4
ISBN E-Book (EPUB, Mobi) 978-3-95971-601-7

Inhalt

Leute, esst mehr Gemüse!

In diesem Kochbuch erweitern wir Ihre Low-Carb-Rezeptsammlung um 39 Rezepte, mit denen Sie sich ohne großen Aufwand ausgewogen und gesund ernähren können und die Ihnen quasi nebenbei dabei helfen, abzunehmen – dem Low-Carb-Prinzip sei Dank. Unser wichtigstes Küchenwerkzeug dabei? Der Spiralschneider. Mit ihm lassen sich in Sekundenschnelle aus Karotten, Zucchini und Co. leckere Gemüsenudeln schnitzen, die dafür sorgen, dass der Gemüseanteil in unserer Nahrung endlich auf das Niveau steigt, auf dem er sein sollte (und früher auch einmal war).

Im Grunde ist das Low-Carb-Prinzip nichts weiter als die Rückbesinnung auf die klassische Ernährungspyramide. Bei dieser besteht die Basis ja auch aus Gemüse und Obst. Erst dann kommen Vollkorn und Reis, Milchprodukte, Fisch und Fleisch sowie – an der Pyramidenspitze – Fett und Zucker.

Warum Low-Carb beim Abnehmen hilft

Low-Carb-Ernährung ist vereinfacht ausgedrückt die Reduzierung des Kohlenhydratanteils in der Nahrung. Doch was genau passiert in unserem Körper, wenn man das macht? Zuallererst: Kohlenhydrate sind an sich nicht schlimm. Im Gegenteil. Unser Körper, vor allem unser Gehirn, braucht Kohlenhydrate. Bei Kohlenhydraten handelt es sich um Zuckerverbindungen (Saccharide), die ein wichtiger Energielieferant sind. Doch Kohlenhydrat ist nicht gleich Kohlenhydrat. Es gibt Einfachzucker (z. B. Fruchtzucker) und Mehrfachzucker (z. B. in Vollkornprodukten). Erstere liefern besonders schnell Energie, machen aber kaum und nicht so lange satt wie die Mehrfachzucker. So richtig spannend wird die Sache mit den Kohlenhydraten aber, wenn sie unserem Körper fehlen. Wie bereits gesagt, braucht unser Körper Kohlenhydrate. So sehr, dass er für Notzeiten immer eine Kohlenhydratreserve bereithält: in Form von Fett. Durch die sogenannte Ketose ist unser Körper in der

Lage, Fettzellen in Zucker umzuwandeln und sich so die Energie zu holen, die er tagtäglich benötigt. Und genau da setzt das Low-Carb-Prinzip an. Indem der Körper nicht genügend Kohlenhydrate (KH) durch die Nahrung bekommt, muss er den Fettstoffwechsel aktivieren. Halleluja. Besonders nachhaltig ist die Wirkung der Ketose, wenn man die Kohlenhydrate am Abend weglässt und sich anschließend im wahrsten Sinne des Wortes schlank schläft.

Bis hierher klingt alles prima, doch jetzt kommt die erste schlechte Nachricht: Wer wirklich abnehmen will, der muss noch ein bisschen mehr tun, als nur seine Ernährung umzustellen. Low-Carb allein reicht nicht (ganz).

Wie man wirklich abnimmt (Oder: warum klassische Diäten nicht funktionieren)

Ich selbst war »Opfer« des klassischen Büroarbeitstages mit sitzender Tätigkeit ohne viel Bewegung. Mit 72 Kilogramm bei einer Körpergröße von 1,75 m schien eigentlich alles im Lot. Doch irgendwann stand ich vor dem Spiegel, schaute auf lauter kleine Fettpölsterchen – vor allem in der Bauchgegend – und dachte: Mmh, dumm gelaufen.

Heute wiege ich 73 Kilogramm und ein bisschen, bin aber wesentlich schlanker als zuvor. Wie geht das? Beschäftigt man sich ausführlich mit dem Thema Stoffwechsel, bekommt man schnell eine Ahnung, was bei den meisten von uns schiefläuft. Wir essen grundsätzlich zu viel (und meist die falschen Sachen) und bewegen uns viel zu wenig. Es ist unser gesamter Lifestyle (acht Stunden im Büro + abends 2–3 Stunden vor TV oder Smartphone sitzen), der dazu führt, dass wir aufgehen wie Hefegebäck und nicht mehr fit sind. Sitzspeck statt Sixpack. Wer wirklich nachhaltig abnehmen will, muss auch ein wenig an seinen Lebensgewohnheiten schrauben und sich beim Abnehmen vor allem an die folgenden beiden Grundsätze halten:

1. Bauen Sie Muskeln auf

Muskeln sind das beste Werkzeug, um abzunehmen. Ich weiß, dass vor allem Frauen immer erschrecken, wenn sie das hören. Sie denken dann sofort an unästhetische Bodybuilder. Kann ich gut verstehen. Doch bevor jemand so aussieht, müsste er jahrelang und exzessiv trainieren. Doch das ist gar nicht nötig. Bereits ein moderates Training mit dem eigenen Körpergewicht reicht vollkommen aus. (Das Internet und auch der Buchmarkt sind voll von entsprechenden Angeboten). Jeder Muskel, der dabei neu entsteht, hilft uns, Fett loszuwerden. Warum? Muskelzellen verbrauchen sehr viel Energie. Sogar, wenn sie nicht benutzt werden. Je mehr Muskeln wir haben, desto höher ist daher auch unser Grundumsatz. Also jene Menge an Energie, die unser Körper benötigt, um den Status quo aufrechtzuerhalten. Wer Muskeln aufbaut, zwingt seinen Körper, die Energie aus der Nahrung dorthin fließen zu lassen, statt Fett anzusetzen. Doch die Muskeln sind noch aus einem anderen Grund wichtig.

2. Niemand nimmt auf dem Sofa ab

Der Grund, warum die meisten klassischen Diäten nicht funktionieren, ist simpel: Man kann auf das Abnehmen nicht einfach warten. Der größte Diät-Irrtum ist, dass es ausreicht, standhaft zu sein und nichts oder weniger zu essen, damit die Sache läuft. Leider falsch. Klassische Diäten funktionieren nicht, weil sie dem Körper eine Mangelsituation vorgaukeln, gegen die er ankämpft. So ist er programmiert. In Notzeiten (nichts anderes ist eine Diät) klammert er sich regelrecht an seine Fettreserven und opfert erst einmal alles andere. Zum Beispiel wertvolle Muskelzellen. Die ja ohnehin viel zu viel Energie verbrauchen. Lieber reduziert unser Körper bei einer Diät massiv den Grundumsatz, als seine heiligen Fettreserven zu verbrauchen. Man nimmt daher bei einer klassischen Diät zwar ab, verliert aber kein oder kaum Fett.

Was aber noch viel schlimmer ist: Wer ohne Training über einen längeren Zeitraum Diäten macht, bringt seinem Körper bei, mit einem niedrigen

Grundumsatz klarzukommen. Für immer. Isst man nach der Diät dann wieder normal, nimmt man plötzlich rapide zu. Trotz normaler Portionen! Ein Teufelskreis, aus dem man nur durch Bewegung und Muskelaufbau (also einen erhöhten Grundumsatz) wieder ausbrechen kann.

Mit einer vernünftigen Low-Carb-Ernährung tappt man nicht so schnell in diese Diät-Falle. Die Kalorienmenge darf bei Low-Carb-Gerichten ruhig hoch sein. Sie müssen daher nicht erschrecken, wenn Sie einige Rezepte sehen, bei denen ordentlich Sahne und Käse verwendet wird. Ziel von Low-Carb ist es, den Körper durch Kohlenhydratmangel in den Fettstoffwechsel zu zwingen. Kombiniert man das Low-Carb-Prinzip dann noch mit einem moderaten Krafttraining, ist das Ergebnis wirklich beeindruckend. Das Training (2 x 30 Min. in der Woche reichen schon) wirkt wie ein Booster für die Fettverbrennung.

Ich persönlich habe nicht mit der Waage abgenommen. Und ich kann das auch niemandem empfehlen. Überhaupt ging es für mich nicht vordergründig darum, dünner zu werden, sondern vielmehr darum, wieder in Form zu kommen. Und genau dabei hilft Low-Carb sehr. Sogar Sportler setzen mittlerweile vermehrt auf diese Form der Ernährung, weil sie damit ihren Fettstoffwechsel trainieren. Sind im Wettkampf die normalen Kohlenhydratspeicher leer, kann der Körper die Energiereserven aus den Fettspeichern schneller und effizienter anzapfen.

Wo beginnt Low-Carb?

Low-Carb ist nicht gleich No Carb. Aber welche Menge an Kohlenhydraten soll man täglich essen, um abzunehmen? Der Kohlenhydratbedarf ist genau wie der Kalorienbedarf eine individuelle Größe. Dennoch gibt es Richtwerte, an denen man sich orientieren kann. Als Faustregeln gelten:

Mehr als 300 g KH pro Tag: Sie nehmen garantiert und kontinuierlich zu.
150–300 g KH pro Tag: Sie werden nach und nach dicker. Zwar sehr langsam, aber in der Summe spürbar.

120–150 g KH pro Tag: Sie halten (mit etwas Sport) Ihr Gewicht ohne Probleme.
50–120 g KH pro Tag: Ab hier herrscht Kohlenhydratmangel. Ihr Körper stellt auf die Verbrennung von Körperfett (Ketose) um. Sie nehmen ab, sollten aber – sobald Ihr Idealgewicht erreicht ist – wieder mehr Kohlenhydrate essen.
Weniger als 50 g Kohlenhydrate pro Tag: Das geschieht beispielsweise beim Fasten. Über einen längeren Zeitraum ist diese Form der Ernährung nicht ratsam und sollte nur unter entsprechend sorgfältiger Anleitung durchgeführt werden.

Damit Sie eine Vorstellung bekommen, in welchen Lebensmitteln wie viel Kohlenhydrate stecken, kommen hier ein paar Beispiele:

* 100 g Nudeln (gekocht): 26 g KH
* 1 Glas Apfelsaft (200 ml): 22 g KH
* 1 Apfel (ca. 130 g): 15 g KH
* 1 l Cola: 106 g KH
* 1 Weizenbrötchen (ca. 55 g): 25 g KH
* 1 Croissant (ca. 60 g): 30 g KH
* 100 g Karotten: 6,8 g KH
* 100 g Vollkornbrot: 35 g KH
* 100 g Orangen: 8,3 KH
* Nutella (1 Portion à 20 g): 11,4 g KH
* Kartoffel-Chips (100 g): 48 g KH

Ich denke, Sie ahnen anhand der Beispiele, wann unser Essen unnötig kohlenhydrathaltig ist. Die Nutella-Semmel oder das Schoko-Croissant am Morgen sowie die Chips am Abend sind bereits eine ordentliche Hypothek für den täglichen KH-Bedarf. Viel schlimmer aber sind Fruchtsäfte und Softdrinks, die über den gesamten Tag verteilt vielleicht sogar literweise konsumiert werden. Wer sich mit denen allerdings zurückhält, lieber Wasser trinkt und ansonsten mit frischen Zutaten kocht, braucht sich sogar um sein Marmeladenbrot in der Früh keine Gedanken machen. Moderater Alkoholkonsum (besser wäre, ihn ganz wegzulassen) versteht sich von selbst. Alkohol ist ein Zellgift. Gelangt es in den Körper, stoppt dieser alles andere, um es loszuwerden. Auch den Fettstoffwechsel. Die Effekte, die wir uns von der Low-Carb-Ernährung erhoffen, gehen so wieder flöten.

Alles über Gemüsenudeln

Ich habe mich in diesem Buch vor allem auf vier Sorten Gemüsenudeln konzentriert. Zucchini-, Kürbis, Karotten- und Gurkennudeln. Ich finde diese besonders vielseitig einsetzbar und sie kommen – im Gegensatz zu Rote Bete- oder Kohlrabinudeln – sogar bei Kindern ganz gut an.

Es gibt verschiedene Spiralschneider. Ich selbst benutze ein Standgerät, mit dem ich die Möglichkeit habe, mich zwischen zwei Nudelstärken zu entscheiden: normale dünne Spaghetti und etwas kräftigere Nudeln. Beide Stärken ergeben schöne Nudeln. Für welche man sich entscheidet, ist Geschmackssache. Einzig Karottennudeln würde ich immer dünn schneiden. In der dicken Variante sind sie etwas unhandlicher beim Kochen. Die Anwendung des Spiralschneiders ist absolut unkompliziert. Das Spiralisieren von Gemüse dauert – abhängig natürlich von der Menge – keine drei Minuten.

Zucchininudeln

Wer einmal mit den Zucchininudeln angefangen hat, hört nicht mehr damit auf. Sie sehen fast so aus wie Pasta, schmecken aber sehr viel frischer. Zoodles, wie die Spaghetti auch genannt werden, bringen nicht viel Eigengeschmack mit. Sie eignen sich daher für besonders kräftig gewürzte Soßen oder Pestos. Die Zoodles können meist einfach zusammen mit der Soße gegart werden. Sie lassen sich aber auch wie Nudeln kochen. Bei-

des dauert 4–5 Minuten Ich persönlich dünste die Zoodles am liebsten. Einfach in eine heiße Pfanne geben, etwas Gemüsebrühe angießen. Das Ganze ab und zu umrühren und in spätestens fünf Minuten sind die Nudeln gar.

Am liebsten arbeite ich mit weißen Zucchini. Sie sind meist etwas größer als die normalen grünen Zucchini und haben eine hellgrüne Haut mit weißen Sprenkeln. Ohne es belegen zu können, habe ich das Gefühl, dass die weißen Zucchini weniger Wasser abgeben und auch eher ihren Biss behalten.

Karottennudeln

Karottennudeln sind meine Wahl, wenn Kinder mitessen. Ich persönlich mag sie ebenfalls sehr. Die Karotten bringen mit ihrer Süße allerdings eine Note mit, die nicht zu jedem Gericht passt (bei manchen Rezepten aber auch unabdingbar ist). Die Karottennudeln müssen etwas länger kochen als Zoodles. Sie sind in etwa 5–7 Minuten gar und behalten dennoch einen schönen Biss.

Gurkennudeln

Gurkennudeln gelingen am besten aus jungen Gurken oder Gärtnergurken mit der typisch narbigen Haut. Sie haben besonders wenig Kerne. Man kann auch mit einer klassischen Salatgurke arbeiten. Die Nudeln sind dann allerdings nicht so fest. Bei der Zubereitung der Gurkennudeln gibt es einen besonderen Kniff: Nachdem man die Nudeln für 30–40 Sekunden in kochendes Wasser geworfen hat, schreckt man sie in Eiswasser ab. Dadurch werden die Nudeln schön grün.

Kürbisnudeln

Am liebsten verwende ich Butternusskürbis für Nudeln. Vor allem der lange Kopf des Butternusskürbis lässt sich leicht verarbeiten. Muskatkürbisse muss man ein wenig aufwendiger zurechtschnitzen. Kürbisnudeln sind in 2–3 Minuten gar. Da das Fleisch nicht sehr fest ist, verlieren Kürbisnudeln schnell ihren Biss. Wenn möglich, gebe ich sie daher am liebsten zum Gericht dazu und lasse sie mit der Soße kurz gar ziehen. Ansonsten funktioniert auch hier das Dünsten mit Gemüsebrühe in einer Pfanne.

Die Rezepte

Ich habe versucht, bei den Rezepten möglichst ohne exotische Zutaten auszukommen. Alle aufgeführten Zutaten gab es entweder in meinem Gemüseladen und/oder im Supermarkt. Die meisten Gerichte sind schnell zusammen geschnippelt und in 20 Minuten fertig. Nur einige wenige sind aufwendiger. Ich habe die Gerichte in folgende Kategorien eingeteilt:

* »Pasta«-Klassiker
* Gemüse – die volle Dosis
* Fisch- und Fleischgerichte
* Beilagen zu Fisch- und Fleischgerichten
* Satt werden mit Käsesoßen
* Leckere Pestos
* Grüße aus Asiens Küchen

Die »Pasta«-Klassiker sind meist bekannte Gerichte der italienischen Küche, die mit Gemüsenudeln einen neuen Twist bekommen. Auch Fisch- und Fleischgerichte funktionieren fantastisch mit Gemüsenudeln. Zum Fisch haben besonders die Gurkennudeln ihren großen Auftritt. Ich habe außerdem einige Beilagen aus Gemüsenudeln mit in das Buch aufgenommen. Einfach einen Fisch oder ein Fleisch dazu braten – fertig ist das gehaltvolle Low-Carb-Abendessen. Meine persönlichen Favoriten sind die Gerichte mit Käsesoßen, da sie einfach noch ein bisschen satter machen. Mit ihnen bekommt man auch zwei Stunden nach dem Abendessen keinen Hungerflash und muss nicht noch Nüsse oder Gemüsechips knabbern. Pestos sind sehr schnell gemacht und eignen sich, wie ich finde, hervorragend für kleine Zwischenmahlzeiten. Und die asiatische Küche mit ihrem Kräuter- und Aromenreichtum darf ja eigentlich in keinem Kochbuch fehlen. Anhand eines 2-Wochen-Plans auf der nächsten Seite sehen Sie außerdem, wie einfach es ist, Kohlenhydrat- und Kalorienmenge mit dem Low-Carb-Prinzip zu reduzieren.

Mahlzeitenplan für Woche 1

	Montag	Dienstag	Mittwoch (Sporttag)
Mittags	Zoodles mit Paprikaragout (464 kcal, KH: 10 g), S. 22	Zoodles mit Auberginensoße (403 kcal, KH: 13 g), S. 26	Kürbis-Apfel-Nudeln mit Ingwer und Koriander (253 kcal, KH: 22 g), S. 57
Abends	Zoodles mit Kalb in Weißweinsoße (459 kcal, KH: 3 g), S. 33	Zoodles mit Thymian-Ziegenkäse-Soße (357 kcal, KH: 5 g), S. 48	Kürbisnudeln mit Rucola-Mandel-Pesto (639 kcal, KH: 10 g), S. 51
Kalorien gesamt	923 kcal	760 kcal	892 kcal
KH gesamt	13 g	18 g	32 g

Mahlzeitenplan für Woche 2

	Montag	Dienstag	Mittwoch (Sporttag)
Mittags	Dillrahmgurkennudeln mit Räucherlachs (415 kcal, KH: 12 g), S. 30	Zoodles alla pugliese (230 kcal, KH: 7 g), S. 17	Zoodles mit Asia-Bolognese (396 kcal, KH: 11 g), S. 58
Abends	Kürbisnudeln mit Haselnusspesto (448 kcal, KH: 17 g), S. 53	Zoodles mit rotem Pesto (410 kcal, KH: 8 g), S. 54	Zoodles mit Taleggio-Brokkoli-Soße (270 kcal, KH: 13 g), S. 44
Kalorien gesamt	863 kcal	640 kcal	666 kcal
KH gesamt	29 g	15 g	24 g

Donnerstag	Freitag	Samstag (Sporttag)	Sonntag
Karottennudeln mit Mangold und getrockneten Tomaten (205 kcal, KH: 20 g), S. 28	Meerrettich-Gurkennudeln mit Forelle (281 kcal, KH: 10 g), S. 32	Zoodles mit Radicchio-Orangen-Soße (371 kcal, KH: 10 g), S. 25	Zoodles mit Hähnchen und Wirsing (180 kcal, KH: 9 g), S. 31
Zoodles mit Lauch-Gruyère-Soße (603 kcal, KH: 12 g), S. 47	Pasta mit Parmesansoße (537 kcal, KH: 5 g), S. 45	Teriyaki-Nudeln mit Gemüse (245 kcal, KH: 26 g), S. 55	Zoodles mit Ziegenfrischkäse und Spinat-Süßkartoffel-Mix (369 kcal, KH: 24 g), S. 42
808 kcal	818 kcal	616 kcal	549 kcal
32 g	15 g	36 g	33 g

Donnerstag	Freitag	Samstag (Sporttag)	Sonntag
Kürbisnudeln mit Speck-Kräutersoße (151 kcal, KH: 10 g), S. 18	Asia-Suppe mit Zoodles, Garnelen und Huhn (260 kcal, KH: 10 g), S. 59	Karottennudeln »Risi e Bisi« (226 kcal, KH: 23 g), S. 16	Kürbisnudeln mit grünem Curry (196 kcal, KH: 17 g), S. 60
Zoddles mit Avocadopesto und Lachstartar (312 kcal, KH: 11 g), S. 52	Zoodles mit Bœuf Stroganoff (520 kcal, KH: 4 g), S. 34	Zoodles Vitello Tonnato (439 kcal, KH: 4 g), S. 20	Zoodles mit Salsiccia und Fenchel (479 kcal, KH: 12 g), S. 21
463 kcal	780 kcal	665 kcal	675 kcal
21 g	14 g	27 g	29 g

An den meisten Tagen in diesem Wochenplan haben Sie (ausgehend von einem Verbrauch von ca. 1700 kcal am Tag, mit dem Sie ein kleines Kaloriendefizit haben dürften) einen Puffer von 700 bis 1000 Kalorien am Tag, sowie einen Kohlenhydratpuffer zwischen 70 und 100 g (ausgehend von 100 bis 120 g KH am Tag, womit Sie sich absolut im Fettverbrennungsmodus befinden). Wie schon in der Einleitung gesagt, das Schokocroissant (223 kcal/KH: 22 g) und der Cappuccino (75 kcal/KH: 5 g) zum Frühstück sind locker drin. Ebenso wie zwei Scheiben Vollkornbrot mit Frischkäse und vielleicht frischen Kräutern darüber (292 kcal/KH: 40 g). Auch Obst ist in Ordnung, wenn es nicht gleich drei oder vier Äpfel am Tag werden. In einem davon stecken nämlich ordentliche 15 g Kohlenhydrate. An den vorgeschlagenen Sporttagen ist der KH-Anteil in den Gerichten bereits etwas höher. Warum? Sport ohne Kohlenhydrate fällt noch schwerer. Mit fast leeren Kohlenhydratspeichern werden Sie sich schlapp fühlen. Das ist normal und geht selbst durchtrainierten Athleten so. Also trainieren Sie, so lange und so viel Sie können, und denken Sie sich nichts dabei, wenn sich Arme und Beine wie Quark anfühlen. Nach dem Sport regeneriert die Muskulatur außerdem schneller, wenn die Kohlenhydratspeicher wieder aufgefüllt werden. Achten Sie außerdem darauf, dass Sie jeden Tag deutlich über 50 g Kohlenhydrate zu sich nehmen. Drunter wird es anstrengend, da Sie sich dann im Bereich der Mangelernährung befinden, gegen die Ihr Körper mit großer Wahrscheinlichkeit rebelliert.

Nun geht's los mit den Rezepten. Sie finden bei jedem Rezept Nährwertangaben. Kcal steht für Kilokalorien, KH für Kohlenhydrate, E für Eiweiß und F für Fett. Einige Rezepte sind für 2, andere für 4 Portionen berechnet (so wird das Gemüse am besten verwertet und es bleibt nichts übrig).

»Pasta«-Klassiker

Karottennudeln »Risi e Bisi«

Ergibt: 2 Portionen * Zubereitung: 20 Min.
Nährwerte (pro Portion): 226 kcal, KH: 23 g, E: 11 g, F: 9 g

Einkaufsliste:
2–3 Karotten
1 Zwiebel
1 Knoblauchzehe
50 g Kochschinken
1 EL Olivenöl
150 g Erbsen (TK)
ca. 80 ml Gemüsebrühe
Salz
Pfeffer

So wird's gemacht:

1. Karotten putzen, waschen und mit dem Spiralschneider in Spaghettiform schneiden. Salzen und beiseitestellen.
2. Zwiebel und Knoblauch schälen und fein hacken. Den Schinken klein schneiden.
3. Öl in einer Pfanne erhitzen und die Zwiebeln darin anschwitzen. Schinken und Knoblauch hinzufügen und für ca. 2 Min. kurz mit anbraten.
4. Hitze reduzieren. Die Erbsen hinzufügen. Etwas Gemüsebrühe hinzugeben und die Erbsen ca. 5 Min. gar ziehen lassen.
5. Die Karottennudeln in die Pfanne geben. Wenn keine Flüssigkeit mehr in der Pfanne ist, wieder etwas Gemüsebrühe angießen. Ca. 5–6 Min. gar ziehen lassen und dabei gelegentlich umrühren.
6. Mit Salz und Pfeffer abschmecken und servieren.

Für Kinder sind die Karottennudeln »Risi e Bisi« (den Reis haben wir natürlich weggelassen!) DAS Einsteigergericht in die Welt der Gemüsenudeln.

Foto siehe Seite 15

Zoodles alla pugliese

Ergibt: 4 Portionen * Zubereitung: 20 Min.
Nährwerte (pro Portion): 230 kcal, KH: 7 g, E: 13 g, F: 16 g

Einkaufsliste:

3–4 Zucchini
3 Knoblauchzehen
1 getrocknete Chilischote
2 getrocknete Tomaten
100 g Sardellen
1 kleiner Brokkoli
3 EL Olivenöl
2 EL Petersilie (fein gehackt)
Salz
Pfeffer

So wird's gemacht:

1. Zucchini putzen, waschen und mit dem Spiralschneider in Spaghettiform schneiden. Salzen und beiseitestellen.
2. Knoblauch schälen und fein hacken. Chili, Tomaten und Sardellen stückeln.
3. Brokkoli waschen, putzen und die Röschen abtrennen. Wasser zum Kochen bringen und die Brokkoliröschen 5 Min. kochen. 50 ml Brokkoliwasser beiseitestellen.
4. Öl in einer Pfanne erhitzen. Chili, Tomaten und Sardellen ca. 6–7 Min. bei mittlerer Hitze schmoren.
5. Den Knoblauch hinzugeben und ca. 2 Min. mit andünsten.
6. Brokkoli und Zoodles in die Pfanne geben. Das Brokkoliwasser angießen. Unter gelegentlichem Rühren alles 5 Min. garen lassen. Die Petersilie unterrühren und mit Salz und Pfeffer abschmecken.
7. Die Zoodles auf einem Teller anrichten und servieren.

Kürbisnudeln mit Speck-Kräutersoße

Ergibt: 3–4 Portionen * Zubereitung: 25 Min.
Nährwerte (pro Portion): 151 kcal, KH: 10 g, E: 12 g, F: 7 g

Einkaufsliste:
300 g Kürbis (Butternuss oder Muskat)
1 Zwiebel
2 Knoblauchzehen
150 g Kräuterseitlinge
100 g Speck
2 EL Butter
2 Stängel Rosmarin
50 ml Gemüsebrühe
3 EL Petersilie (gehackt)

So wird's gemacht:

1. Den Kürbis schälen, die Kerne entfernen und das Fleisch in große längliche Stücke schneiden. Die Stücke spiralisieren.
2. Zwiebel und Knoblauch schälen und fein hacken. Die Pilze waschen, putzen und in feine Streifen schneiden. Den Speck würfeln.
3. Butter in einer Pfanne heiß werden lassen. Rosmarinstängel und Pilze hinzugeben. Solange anbraten, bis die Pilze goldbraun sind. Zwiebeln und Schinken hinzugeben und 2–3 Min. anbraten.
4. Unterdessen die Kürbisnudeln in einer anderen Pfanne mit der Gemüsebrühe 2–3 Min. gar ziehen lassen.
5. Dem Pilz-Speck-Gemisch Knoblauch und Petersilie untermischen. Nochmal kurz heiß werden lassen.
6. Nudeln auf einem Teller anrichten. Die Pilze darübergeben. Servieren.

Wer mag, kann die Pilze auch mit Sahne ablöschen und kurz aufkochen. Dann jedoch eignen sich Zoodles besser als der Kürbis.

Zoodles puttanesca

Ergibt: 4 Portionen * Zubereitung: 25 Min.
Nährwerte (pro Portion): 310 kcal, KH: 12 g, E: 16 g, F: 21 g

Einkaufsliste:
4 Zucchini
1 Zwiebel
2 Knoblauchzehen
2–3 Sardellenfilets (in Öl eingelegt)
100 g Kalamata-Oliven (entsteint)
500 ml Dosentomaten, stückig
1–2 EL Kapern
1 EL Olivenöl
2–3 EL Petersilie (gehackt)
50 ml Gemüsebrühe
Salz
Pfeffer
50 g Pecorino

So wird's gemacht:

1. Zucchini putzen, waschen und mit dem Spiralschneider in Spaghettiform schneiden. Salzen und beiseitestellen.
2. Zwiebel und Knoblauch schälen und fein hacken. Sardellenfilets in kleine Stücke schneiden. Die Oliven ebenfalls halbieren oder vierteln.
3. In einer Pfanne mit Öl die Zwiebeln bei mittlerer Hitze 3–4 Min. anschwitzen. Sardellenfilets und Knoblauch in die Pfanne geben und 2–3 Min. mit andünsten.
4. Tomaten, Kapern und Oliven hinzugeben und alles ca. 10 Min. köcheln lassen. Mit Salz und Pfeffer abschmecken.
5. Unterdessen die Zoodles in einer anderen Pfanne mit der Gemüsebrühe 4–5 Min. gar ziehen lassen. Abgießen.
6. Zoodles auf einem Teller anrichten. Die Soße darübergeben und mit Pecorino und Petersilie garnieren.

Diese Tomatensoße ist bei uns zu Hause eine DER Pastasoßen schlechthin.

Zoodles Vitello Tonnato

Ergibt: 4 Portionen * Zubereitung: 20 Min.
Nährwerte (pro Portion): 439 kcal, KH: 4 g, E: 38 g, F: 29 g

Einkaufsliste:

3–4 Zucchini
300 g Thunfischfilet (in Öl aus dem Glas)
4 EL Mayonnaise
1 EL Zitronensaft
100 g Parmesan
1 EL Olivenöl
40 g Kapern
Salz
Pfeffer
200 g Kalbsbraten (ersatzweise Roastbeef)
50 ml Gemüsebrühe

So wird's gemacht:

1. Zucchini putzen, waschen und mit dem Spiralschneider in Spaghettiform schneiden. Salzen und beiseitestellen.
2. Thunfisch, Mayonnaise, Zitronensaft, Parmesan, Öl und Kapern (ein paar Kapern fein hacken und zum Garnieren beiseitestellen) in einen Mixer geben und zu einer flüssigen Creme verarbeiten. Mit Salz und Pfeffer abschmecken.
3. Kalbsbraten in mundgerechte Stücke schneiden und unter die Creme rühren.
4. Unterdessen die Zoodles in einer Pfanne mit der Gemüsebrühe 4–5 Min. gar ziehen lassen.
5. Zoodles auf einem Teller anrichten, die Soße darübergeben und mit ein paar fein gehackten Kapern garnieren.

Zoodles mit Salsiccia und Fenchel

Ergibt: 4 Portionen * Zubereitung: 20 Min.
Nährwerte (pro Portion): 479 kcal, KH: 12 g, E: 24 g, F: 34 g

Einkaufsliste:
4 Zucchini
1 Zwiebel
1 Knoblauchzehe
2 Fenchel
3 Salsiccia
90 ml trockener Weißwein
1 TL Zitronensaft
200 ml Hühnerbrühe
Salz
Pfeffer
2 EL Petersilie (gehackt)
50 g Parmesan
Chili

So wird's gemacht:

1. Zucchini putzen, waschen und mit dem Spiralschneider in Spaghettiform schneiden. Salzen und beiseitestellen.
2. Zwiebel und Knoblauch schälen und fein hacken. Fenchel waschen, putzen und in kleine Würfel schneiden.
3. Salsicciabrät aus dem Darm schneiden. Das Brät zu kleinen Bällchen formen.
4. Die Bällchen in einer Pfanne bei mittlerer Hitze ca. 4–5 Min. rundherum anbraten. Zwiebel und Knoblauch hinzugeben und ca. 2 Min. mit anschwitzen lassen.
5. Zoodles, Fenchel, Weißwein, Zitronensaft und Hühnerbrühe in die Pfanne geben. Ca. 5 Min. einköcheln lassen. Mit Salz und Pfeffer abschmecken.
6. Die Zoodles auf einem Teller anrichten und mit Parmesanspänen, Chili und Petersilie garnieren.

Zoodles mit Paprikaragout

Ergibt: 2 Portionen * Zubereitung: 20 Min.
Nährwerte (pro Portion): 464 kcal, KH: 10 g, E: 11 g, F: 24 g

Einkaufsliste:
2 Zucchini
1 gelbe Paprikaschote
1 rote Paprikaschote
2 Knoblauchzehen
1 TL Thymianblättchen
1 Mozzarella
3 EL Olivenöl
1 EL Balsamico bianco
50 ml Gemüsebrühe
1 TL Tomatenmark
Salz
Pfeffer

So wird's gemacht:

1. Zucchini putzen, waschen und mit dem Spiralschneider in Spaghettiform schneiden. Salzen und beiseitestellen.
2. Paprika waschen, putzen und in Würfel schneiden. Knoblauch schälen und fein hacken. Thymianblättchen vom Stängel zupfen. Mozzarella in Würfel schneiden.
3. Öl in einer Pfanne erhitzen und den Knoblauch 1 Min. anschwitzen. Paprika, Balsamico und Thymianblättchen hinzugeben und bei mittlerer Hitze 5 Min. schmoren lassen.
4. Unterdessen die Zoodles in einer anderen Pfanne in der Gemüsebrühe 4–5 Min. gar ziehen lassen. Abgießen.
5. Tomatenmark unter das Paprikaragout rühren, kurz heiß werden lassen und mit Salz und Pfeffer abschmecken.
6. Zoodles auf einem Teller anrichten. Das Ragout darübergeben. Mit Mozzarella garnieren und servieren.

Dazu passen auch frische Kräuter wie Basilikum oder Petersilie.

Gemüse – die volle Dosis

Kürbisnudeln mit Topinambursoße

Ergibt: 3–4 Portionen * Zubereitung: 25 Min.
Nährwerte (pro Portion): 245 kcal, KH: 10 g, E: 5 g, F: 19 g

Einkaufsliste:

300 g Kürbis
(Butternuss oder Muskat)
300 g Topinambur
20 g Butter
50 ml Weißwein (trocken)
50 ml Gemüsebrühe
125 g Sahne
Salz
Cayennepfeffer
2 EL Petersilie (gehackt)
Pfeffer

So wird's gemacht:

1. Butternusskürbis schälen, die Kerne entfernen und das Kürbisfleisch spiralisieren. (Die Reste am nächsten Tag verarbeiten.)
2. Topinambur schälen und in kleine Stücke schneiden. Butter in einer Pfanne erhitzen und Topinambur bei mittlerer Hitze 2–3 Min. andünsten. Weißwein angießen und alles 8–10 Min. köcheln lassen.
3. Unterdessen die Kürbisnudeln mit Gemüsebrühe in einer Pfanne 2–3 Min. gar ziehen lassen.
4. Die Sahne angießen und kurz aufkochen. Alles in einen Mixer geben und zu einer Creme verarbeiten. Mit Salz und Cayennepfeffer abschmecken.
5. Kürbisnudeln auf einem Teller anrichten. Die Topinambursoße darübergeben. Mit Pfeffer und Petersilie garnieren und servieren.

Foto siehe Seite 23

Zoodles mit Radicchio-Orangen-Soße

Ergibt: 2 Portionen * Zubereitung: 25 Min.
Nährwerte (pro Portion): 371 kcal, KH: 10 g, E: 10 g, F: 16 g

Einkaufsliste:

2 Zucchini
2 EL Pinienkerne
2 Schalotten
1 Knoblauchzehe
50 g Speck
3 EL Olivenöl
1 Radicchio
2 EL schwarze Oliven (ohne Stein)
1 EL Kapern (Glas)
50 ml Gemüsebrühe
Saft einer Orange
Salz
Pfeffer

So wird's gemacht:

1. Zucchini waschen, putzen und spiralisieren. Salzen und beiseitestellen.
2. Pinienkerne in einer Pfanne ohne Öl rösten.
3. Schalotten und Knoblauchzehe schälen und fein würfeln. Speck würfeln. Radicchio putzen, waschen und in feine Streifen schneiden.
4. Öl in einer Pfanne erhitzen. Schalotten 2–3 Min. bei mittlerer Hitze anschwitzen. Knoblauch und Speck hinzugeben und ca. 1 Min. andünsten. Radicchio hinzugeben und 3 Min. garen. Orangensaft, Oliven, Kapern und Pinienkerne hinzugeben. Alles gut umrühren.
5. Die Zoodles mit 50 ml Gemüsebrühe in die Pfanne geben und 3–4 Min. einkochen lassen. Mit Salz und Pfeffer abschmecken.

Wer mag, kann über die fertigen Nudeln noch etwas Parmesan oder Pecorino hobeln.

Zoodles mit Auberginensoße

Ergibt: 2 Portionen * Zubereitung: 25 Min.
Nährwerte (pro Portion): 403 kcal, KH: 13 g, E: 8 g, F: 34 g

Einkaufsliste:
2 Zucchini
1 Aubergine
1 Knoblauchzehe
4 EL Olivenöl
200 ml Tomaten in Stücken
Salz
Pfeffer
50 ml Gemüsebrühe
Ricotta (normal oder geräuchert)
Chili

So wird's gemacht:

1. Zucchini putzen, waschen und mit dem Spiralschneider in Spaghettiform schneiden. Salzen und beiseitestellen.
2. Aubergine putzen, waschen und in Würfel schneiden. Knoblauch schälen und fein hacken.
3. Olivenöl in einer Pfanne erhitzen und die Auberginenwürfel goldbraun anbraten (ca. 4 Min.). Knoblauch und Tomaten hinzugeben und 4 Min. einkochen lassen. Mit Salz und Pfeffer abschmecken.
4. Unterdessen die Zoodles in einer anderen Pfanne mit der Gemüsebrühe 4–5 Min. gar ziehen lassen. Abgießen.
5. Die Zoodles auf einem Teller anrichten, die Auberginensoße darübergeben und mit Ricotta und Chili garnieren.

Noch besser als frischer Ricotta passt geräucherter, der sogenannte Ricotta affumicata, zu der Auberginensoße.

Zoodles mit Rote Bete-Spinat-Pesto

Ergibt: 4 Portionen * Zubereitung: 25 Min.
Nährwerte (pro Portion): 567 kcal, KH: 19 g, E: 17 g, F: 45 g

Einkaufsliste:
4 Zucchini
2 Knoblauchzehen
500 g Spinat
100 g Pecorino
2 kleine Rote Bete
200 g Cashewkerne
50 ml Rapsöl
50 ml Gemüsebrühe
3 EL Petersilie (gehackt)
Salz
Pfeffer

So wird's gemacht:

1. Zucchini putzen, waschen und mit dem Spiralschneider in Spaghettiform schneiden. Salzen und beiseitestellen.
2. Knoblauch schälen und grob stückeln. Spinat waschen und abtropfen lassen. Pecorino fein reiben. Rote Bete schälen und in feine Stifte reiben.
3. Cashewkerne in einer Pfanne ohne Öl rösten, bis sie leicht braun sind. In einen Mixer geben und klein hacken. Einen Löffel der gehackten Kerne für die Garnitur beiseitelegen.
4. 1 EL Öl in einer Pfanne erhitzen und die Rote Bete-Raspel ca. 4 Min. andünsten. Beiseitestellen.
5. 1 EL Öl in die Pfanne geben, Knoblauch und Spinat hinzugeben und so lange dünsten, bis der Spinat zerfallen ist. Alles zu den Cashews in den Mixer geben. Restliches Öl hinzugeben und alles zu einer groben Paste verarbeiten. Die Rote Bete-Raspel untermischen und mit Salz und Pfeffer abschmecken.
6. Unterdessen die Zoodles in einer Pfanne mit der Gemüsebrühe 4–5 Min. gar ziehen lassen.
7. Zoodles auf einem Teller anrichten. Pesto darübergeben und mit Cashewsplittern, Petersilie und Pecorino garnieren.

Karottennudeln mit Mangold und getrockneten Tomaten

Ergibt: 2–3 Portionen * Zubereitung: 20 Min.
Nährwerte (pro Portion): 205 kcal, KH: 20 g, E: 8 g, F: 10 g

Einkaufsliste:

3 Karotten
2 EL Pinienkerne
3 Knoblauchzehen
2 Stängel roter Mangold
50 g getrocknete Tomaten (in Öl)
Salz
Pfeffer
50 ml Gemüsebrühe

So wird's gemacht:

1. Karotten putzen, waschen und mit dem Spiralschneider in Spaghettiform schneiden. Salzen und beiseitestellen.
2. Die Pinienkerne in einer Pfanne ohne Öl goldbraun rösten.
3. Den Knoblauch schälen und in Streifen schneiden. Den Mangold (Blätter und Stiele) waschen und in Streifen schneiden. Die Tomaten in kleine Stücke schneiden.
4. Die Tomaten zusammen mit dem Knoblauch in eine Pfanne geben und ca. 3 Min. andünsten. Den Mangold hinzugeben und weitere 4 Min. mit andünsten. Mit Salz und Pfeffer abschmecken.
5. Unterdessen die Karottennudeln in einer Pfanne mit der Gemüsebrühe 5–7. Min. gar ziehen lassen.
6. Die fertigen Karottennudeln auf einem Teller anrichten. Das Mangold-Tomatengemüse darübergeben. Mit Pinienkernen garnieren und servieren.

Fisch- & Fleischgerichte

Dillrahmgurkennudeln mit Räucherlachs

Ergibt: 2 Portionen * Zubereitung: 30 Min.

Nährwerte (pro Portion): 415 kcal, KH: 12 g, E: 8 g, F: 35 g

Einkaufsliste:

2 junge Salatgurken
125 g saure Sahne
3 EL Crème fraîche
3 EL Dill, fein gehackt
3 EL Zitronensaft
Salz
Cayennepfeffer
Sahne
200 g Räucherlachs

So wird's gemacht:

1. Die Gurken schälen und spiralisieren. In kochendem Salzwasser blanchieren. Anschließend in Eiswasser abschrecken und abtropfen lassen.
2. In einer Schüssel saure Sahne und Crème fraîche verrühren. Mit Dill und Zitronensaft würzen. Die Gurkennudeln hinzugeben und 15 Min. ziehen lassen. Mit Salz, Cayennepfeffer und Sahne abschmecken.
3. Die Nudeln auf einem Teller anrichten. Räucherlachs in Stücke schneiden und darübergeben. Mit etwas frischem Dill garnieren, noch etwas Cayennepfeffer darübergeben und servieren.

Die Dillrahmgurkennudeln passen auch gut zu einem Lachs aus dem Ofen. Wer Dill nicht mag, kann ihn einfach weglassen. Die Nudeln schmecken auch so sehr gut.

Foto siehe Seite 29

Zoodles mit Hähnchen und Wirsing

Ergibt: 4 Portionen * Zubereitung: 30 Min.
Nährwerte (pro Portion): 180 kcal, KH: 9 g, E: 18 g, F: 7 g

Einkaufsliste:
4 Zucchini
200 g Hähnchenbrustfilets
300 g Wirsing
200 g Tomaten
1 Zwiebel
2 Sardellenfilets
1 EL Olivenöl
100 ml Gemüsebrühe
Salz
Pfeffer

So wird's gemacht:

1. Zucchini putzen, waschen und mit dem Spiralschneider in Spaghettiform schneiden. Salzen und beiseitestellen.
2. Hähnchen waschen, abtrocknen und in mundgerechte Würfel schneiden. Wirsing waschen, abtropfen und in feine, 3 cm lange Streifen schneiden. Tomaten waschen und in kleine Würfel schneiden. Zwiebel schälen und fein hacken. Sardellenfilets fein hacken.
3. Öl in einem Topf erhitzen. Zwiebel darin 4 Min. anschwitzen. Die Sardellenfilets hinzugeben und ca. 1 Min. anbraten. Den Kohl hinzugeben und bei starker Hitze 10 Min. kochen. Gelegentlich umrühren.
4. Hähnchen untermischen und 100 ml Gemüsebrühe angießen. Ca. 5 Min. einkochen lassen.
5. Tomaten und Zoodles zum Wirsing geben und 5 Min. bei mittlerer Hitze mitkochen lassen. Mit Salz und Pfeffer abschmecken und servieren.

Meerrettich-Gurkennudeln mit Forelle

Ergibt: 4 Portionen * Zubereitung: 20 Min.
Nährwerte (pro Portion): 281 kcal, KH: 10 g, E: 22 g, F: 16 g

Einkaufsliste:
2 Gärtnergurken
150 g saure Sahne (10 % Fett)
100 g Crème fraîche
50 g Tafelmeerrettich (aus dem Glas)
2 EL Zitronensaft
Sahne
Salz
Cayennepfeffer
2 geräucherte Forellenfilets

So wird's gemacht:

1. Die Gurken schälen und spiralisieren. In kochendem Salzwasser blanchieren. Anschließend in Eiswasser abschrecken und abtropfen lassen.
2. In einer Schüssel saure Sahne, Crème fraîche und Meerrettich verrühren. Mit Zitronensaft würzen. Die Gurkennudeln hinzugeben und 15 Min. ziehen lassen. Mit Salz, Cayennepfeffer und Sahne abschmecken.
3. Die Forellenfilets putzen und in Stücke zupfen. Zu den Gurkennudeln geben. Alles gut verrühren und auf einem Teller anrichten. Mit etwas Cayennepfeffer garnieren und servieren.

Im Sommer ist dieses Gericht für mich das perfekte Mittagessen.

Zoodles mit Kalb in Weißweinsoße

Ergibt: 4 Portionen ✱ Zubereitung: 25–30 Min.
Nährwerte (pro Portion): 459 kcal, KH: 3 g, E: 31 g, F: 33 g

Einkaufsliste:
4 Zucchini
600 g Kalbsnuss
Salz
4 EL Olivenöl
30 g Butter
5 Salbeiblätter
1 Lorbeerblatt
100 ml Weißwein (trocken)
50 ml Gemüsebrühe
100 g grüne Oliven (aus dem Glas)
Pfeffer

So wird's gemacht:

1. Zucchini putzen, waschen und mit dem Spiralschneider in Spaghettiform schneiden. Salzen und beiseitestellen.
2. Kalb in Würfel schneiden. Salzen.
3. Öl in einer Pfanne erhitzen. Die Butter hinzugeben und schmelzen lassen. Salbei und Lorbeer bei mittlerer Hitze 4 Min. andünsten.
4. Temperatur erhöhen. Die Kalbswürfel in die Pfanne geben und scharf anbraten.
5. Wein angießen und das Fleisch ca. 10 Min. schmoren lassen.
6. Unterdessen die Zoodles in einer anderen Pfanne mit der Gemüsebrühe 4–5 Min. gar ziehen lassen. Abgießen.
7. Oliven und Zoodles zum Fleisch geben. Alles gut verrühren. Etwas Pfeffer darübergeben und servieren.

Zoodles mit Bœuf Stroganoff

Ergibt: 4 Portionen * Zubereitung: 25 Min.
Nährwerte (pro Portion): 520 kcal, KH: 4 g, E: 25 g, F: 4 g

Einkaufsliste:
4 Zucchini
2 Zwiebeln
100 g Rote Bete (aus dem Glas)
3 Gewürzgurken
100 g Champignons
400 g Kalbsschnitzel
3 EL Öl
50 g Butter
1 EL Mehl
250 ml Fleischbrühe
150 ml Sahne
50 ml Gemüsebrühe
1 EL mittelscharfer Senf
Zitronensaft
Salz
Pfeffer

So wird's gemacht:

1. Zucchini putzen, waschen und mit dem Spiralschneider in Spaghettiform schneiden. Salzen und beiseitestellen.
2. Zwiebeln schälen und fein hacken. Rote Bete und Gewürzgurken in feine Stifte schneiden. Champignons waschen, putzen und in feine Streifen schneiden.
3. Kalbsschnitzel waschen, trocken tupfen und in feine Streifen schneiden.
4. Öl in einer Pfanne erhitzen und das Kalbfleisch in Tranchen scharf anbraten. Das fertige Kalb im Ofen warm stellen.
5. Butter in einer Pfanne erhitzen und die Pilze und die Zwiebeln darin scharf anbraten. Wenn die Pilze braun sind, Mehl in die Pfanne stäuben und mit Sahne und Fleischbrühe ablöschen. Ca. 6–8 Min. einköcheln lassen, bis die Soße sämig ist.
6. Unterdessen die Zoodles in einer anderen Pfanne mit der Gemüsebrühe 4–5 Min. gar ziehen lassen. Abgießen.
7. Senf, Rote Bete und Gewürzgurken in die Soße geben. Mit Salz, Pfeffer und Zitronensaft abschmecken.
8. Zoodles auf einem Teller anrichten. Das Bœuf Stroganoff darübergeben und servieren.

Beilagen zu Fisch und Fleisch

Kohlrabinudeln mit Walnüssen

Ergibt: 4 Portionen * Zubereitung: 25 Min.
Nährwerte (pro Portion): 179 kcal, KH: 17 g, E: 5 g, F: 10 g

Einkaufsliste:
2 Kohlrabi
200 g Staudensellerie
2 Äpfel
4 EL Zitronensaft
4 EL Apfelsaft
Zucker
Salz
Pfeffer
50 g Walnüsse (gehackt)
150 g Vollmilchjoghurt

So wird's gemacht:

1. Kohlrabi schälen, in lange Stifte schneiden und spiralisieren.
2. Sellerie waschen, putzen und in feine Streifen schneiden.
3. Äpfel waschen, vierteln, entkernen und in feine Stifte reiben.
4. Alles vermischen. Mit 2 EL Zitronensaft und dem Apfelsaft würzen. Mit Salz, Pfeffer und Zucker abschmecken und 10 Min. ziehen lassen.
5. Unterdessen die Walnüsse in einer Pfanne ohne Öl rösten.
6. Walnüsse zusammen mit dem Joghurt zu den Kohlrabinudeln geben. Alles vermischen und noch einmal mit Zitronensaft, Salz und Pfeffer abschmecken. Auf einem Teller anrichten und servieren.

Die Kohlrabinudeln passen sehr gut zu Hähnchen oder Kalb.

Foto siehe Seite 35

Zoodles mit Fenchel und Zitrone

Ergibt: 3–4 Portionen * Zubereitung: 15 Min.
Nährwerte (pro Portion): 227 kcal, KH: 11 g, E: 8 g, F: 16 g

Einkaufsliste:
3 Zucchini
1 Zwiebel
1 große Fenchelknolle
½ Bund Petersilie
1 EL Olivenöl
3–4 EL Zitronensaft, frisch gepresst
Salz
Pfeffer
Parmesan

So wird's gemacht:

1. Zucchini putzen, waschen und mit dem Spiralschneider in Spaghettiform schneiden. Salzen und beiseitestellen.
2. Die Zwiebel schälen und klein schneiden. Den Fenchel putzen, waschen und in kleine Würfel schneiden. Die Petersilie fein hacken.
3. Die Zwiebeln in einer Pfanne mit etwas Olivenöl bei mittlerer Hitze anschwitzen. Den Fenchel hinzugeben und 3–4 Min. dünsten. Er sollte bissfest bleiben.
4. Zitronensaft, Petersilie und die Zoodles in die Pfanne geben. Alles gut miteinander verrühren und ca. 4–5 Min. fertig garen.
5. Alles mit Salz und Pfeffer und eventuell noch einem Schuss Zitrone abschmecken. Auf dem Teller anrichten und mit Parmesan garnieren.

Diese Beilage schmeckt toll zu gegrilltem Fisch wie Dorade oder zu einem Kabeljau aus dem Ofen.

Kürbisnudeln mit Wildkräutersalat

Ergibt: 3-4 Portionen * Zubereitung: 20 Min.
Nährwerte (pro Portion): 240 kcal, KH: 9 g, E: 3 g, F: 21 g

Einkaufsliste:
300 g Butternusskürbis
1 EL Dijon-Senf
3 EL Zitronensaft
6 EL Rapsöl
100 g Wildkräutersalat (oder junger Spinat)
Salz
Pfeffer

So wird's gemacht:

1. Den Butternusskürbis schälen, die Kerne entfernen und das Fleisch in große, längliche Stücke schneiden. Die Stücke spiralisieren.
2. Die Kürbisnudeln mit einem Schuss Wasser in eine Pfanne geben und ca. 2–3 Min. dünsten.
3. Die fertig gegarten Nudeln abgießen und in eine Schüssel geben. Senf, Zitronensaft und Öl untermischen. Die Wildkräuter hinzugeben, noch einmal alles gut verrühren. Mit Salz und Pfeffer abschmecken und servieren.

Die Kürbisnudeln mit Wildkräutern passen besonders gut zu kurz gebratenem Kalbfleisch. Man kann die Nudeln auch ein bis zwei Stunden ziehen lassen, wodurch die Kürbisnudeln den feinen Senfgeschmack regelrecht aufsaugen.

Gurkennudeln mit frischem Curry und Sesam

Ergibt: 2 Portionen * Zubereitung: 15 Min.
Nährwerte (pro Portion): 396 kcal, KH: 14 g, E: 5 g, F: 34 g

Einkaufsliste:

2 Gärtnergurken
1 TL Sesamkörner
1 Knoblauchzehe
1 TL Olivenöl
1 EL mildes Currypulver
2 EL Zitronensaft
150 g Crème fraîche
Salz
Cayennepfeffer

So wird's gemacht:

1. Die Gurken schälen und spiralisieren. In kochendem Salzwasser blanchieren. Anschließend in Eiswasser abschrecken und abtropfen lassen.
2. Sesam in einer Pfanne ohne Öl anrösten. Beiseitestellen.
3. Knoblauch schälen und fein hacken. Öl in einer Pfanne erhitzen und den Knoblauch zusammen mit dem Curry anschwitzen. Zitronensaft hinzugeben. Kurz einkochen lassen.
4. Die Pfanne vom Herd nehmen und Crème fraîche sowie die Gurkennudeln unterrühren.
5. Auf einem Teller anrichten. Mit Sesam und Cayennepfeffer garnieren und servieren.

Diese Nudeln würde ich zu einem kurz gebratenen Thunfisch empfehlen.

Karottennudeln mit Pilzen und pikanter Soße

Ergibt: 4 Portionen * Zubereitung: 30 Min.
Nährwerte (pro Portion): 348 kcal, KH: 7 g, E: 4 g, F: 33 g

Einkaufsliste:

3–4 Karotten
300 g Egerlinge
30 g Butter
1 Knoblauchzehe
½ Bund Petersilie, fein gehackt
1 Eigelb
Saft einer Zitrone
100 ml Olivenöl
50 ml Gemüsebrühe
Salz
Pfeffer

So wird's gemacht:

1. Karotten waschen, putzen und spiralisieren. Beiseitestellen.
2. Pilze putzen, in feine Streifen schneiden und in Butter anbraten. Beiseitestellen.
3. Knoblauch schälen. Zusammen mit der fein gehackten Petersilie, Eigelb, Zitronensaft und Olivenöl in einen Mixer geben. Zu einer feinen Creme verarbeiten. Mit Salz und Pfeffer abschmecken.
4. Die Karottennudeln in einer Pfanne mit der Gemüsebrühe 5–7 Min. gar ziehen lassen.
5. Karottennudeln auf einem Teller anrichten. Soße und Pilze darübergeben. Servieren.

Diese Nudeln esse ich gerne zu Ochsenfetzen oder einer Rinderlende.

Satt werden mit Käsesoßen

Zoodles mit Ziegenfrischkäse und Spinat-Süßkartoffel-Mix

Ergibt: 2 Portionen * Zubereitung: 30 Min.
Nährwerte (pro Portion): 369 kcal, KH: 24 g, E: 17 g, F: 22 g

Einkaufsliste:
2 Zucchini
1 Zwiebel
1 Knoblauchzehe
100 g Süßkartoffeln
3 EL Olivenöl
50 ml Schlagsahne
50 ml Milch
100 g Ziegenfrischkäse
Salz
Pfeffer
Muskat
100 g Babyblattspinat
50 ml Gemüsebrühe

So wird's gemacht:

1. Zucchini putzen, waschen und mit dem Spiralschneider in Spaghettiform schneiden. Salzen und beiseitestellen.
2. Zwiebel und Knoblauch schälen und fein hacken. Süßkartoffeln schälen und würfeln.
3. Öl in einer Pfanne erhitzen. Süßkartoffelwürfel goldbraun anbraten (ca. 5 Min.). Zwiebeln und Knoblauch hinzugeben und für 3 Min. mitbraten. Sahne, Milch und Ziegenkäse hinzugeben, cremig einkochen lassen. Mit Salz, Pfeffer und Muskat abschmecken. Den Spinat unterrühren.
4. Unterdessen die Zoodles in einer anderen Pfanne mit der Gemüsebrühe 4–5 Min. gar ziehen lassen. Abgießen.
5. Zoodles zum Süßkartoffel-Spinat-Mix geben, alles gut verrühren. Nochmal mit Salz, Pfeffer und eventuell Muskat abschmecken und servieren.

Eines meiner persönlichen Lieblingsrezepte.
So einfach, so lecker.

Foto siehe Seite 41

Zoodles mit St. Agur-Soße

Ergibt: 4 Portionen * Zubereitung: 20 Min.
Nährwerte (pro Portion): 169 kcal, KH: 4 g, E: 10 g, F: 12 g

Einkaufsliste:
4 Zucchini
4 Schalotten
4 Datteltomaten
1 EL Sonnenblumenöl
1 EL Weißwein (trocken, z. B. Sauvignon Blanc)
100 ml Kochsahne
100 g St. Agur
Salz
Pfeffer
50 ml Gemüsebrühe
2 EL Petersilie, gehackt

So wird's gemacht:

1. Zucchini putzen, waschen und mit dem Spiralschneider in Spaghettiform schneiden. Salzen und beiseitestellen.
2. Schalotten schälen und fein hacken. Tomaten waschen und in kleine Würfel schneiden.
3. Öl in einer Pfanne erhitzen und die Schalotten darin 2 Min. anschwitzen. Den Weißwein hinzugeben und 2 Min. einkochen lassen. Sahne hinzugeben und kurz aufkochen.
4. Die Hitze reduzieren und den St. Agur-Käse in Stücken in die Pfanne geben. Zu einer Soße verrühren. Mit Salz und Pfeffer abschmecken.
5. Unterdessen die Zoodles in einer anderen Pfanne mit der Gemüsebrühe 4–5 Min. gar ziehen lassen. Abgießen.
6. Zoodles in die Pfanne mit der Käsesoße geben. Die gewürfelten Tomaten hinzugeben. Auf einem Teller anrichten und mit Petersilie garnieren.

St. Agur ist einer meiner absoluten Lieblingskäse. Würzig, dennoch mit einer milden Cremigkeit, die anderen Blauschimmel-Käsesorten fehlt.

Zoodles mit Taleggio-Brokkoli-Soße

Ergibt: 4 Portionen * Zubereitung: 25 Min.
Nährwerte (pro Portion): 270 kcal, KH: 13 g, E: 14 g, F: 19 g

Einkaufsliste:
4 Zucchini
1 kleiner Brokkoli
200 g Taleggio
2 Frühlingszwiebeln
250 ml Vollmilch
100 ml Sahne
50 ml Gemüsebrühe
Muskat
Salz
Pfeffer

So wird's gemacht:

1. Zucchini putzen, waschen und mit dem Spiralschneider in Spaghettiform schneiden. Salzen und beiseitestellen.
2. Brokkoli waschen. Die Röschen von den Stängeln schneiden. Stängel fein schneiden. Den Käse entrinden und würfeln. Die Frühlingszwiebel putzen, waschen und in feine Ringe schneiden.
3. Milch und Sahne in einen Topf geben und erhitzen. Die Flüssigkeit sollte nicht kochen. Den Käse hinzugeben und schmelzen lassen. Den Brokkoli hinzugeben und bei mittlerer Hitze ca. 6 Min. gar ziehen lassen.
4. Unterdessen die Zoodles in einer anderen Pfanne mit der Gemüsebrühe 4–5 Min. gar ziehen lassen. Abgießen.
5. Die Frühlingszwiebeln in die Soße geben und ca. 2–3 Min. gar ziehen lassen. Mit Salz und Muskat abschmecken.
6. Zoodles auf einem Teller anrichten, Soße darübergeben. Mit Pfeffer garnieren und servieren.

Wer seine Zoodles bissfest mag, kann die Zucchinispaghetti auch zusammen mit den Frühlingszwiebeln in die Soße geben und dort etwa 4–5 Min. gar ziehen lassen.

Pasta mit Parmesansoße

Ergibt: 4 Portionen * Zubereitung: 15 Min.

Nährwerte (pro Portion): 537 kcal, KH: 5 g, E: 21 g, F: 46 g

Einkaufsliste:

4 Zucchini
50 ml Gemüsebrühe
100 g Butter
200 g Crème double
Salz
Pfeffer
Muskat
200 g Parmesan, frisch gerieben

So wird's gemacht:

1. Zucchini putzen, waschen und mit dem Spiralschneider in Spaghettiform schneiden. Salzen und beiseitestellen.
2. Zoodles in einer Pfanne mit der Gemüsebrühe 4–5 Min. gar ziehen lassen. Abgießen.
3. Butter in einem Topf langsam zum Schmelzen bringen. Die Butter sollte nicht kochen, sondern cremig bleiben.
4. Crème double unter die geschmolzene Butter ziehen. Die Hitze unter ständigem Rühren erhöhen. Sobald die Soße andickt mit Salz, Pfeffer und Muskatnuss abschmecken. Dann die Zoodles in die Soße geben und alles gut verrühren.
5. Den Topf vom Herd nehmen und den Parmesan unterrühren. Sofort servieren.

Pasta mit Paprika-Pilz-Soße

Ergibt: 4 Portionen * Zubereitung: 20 Min.

Nährwerte (pro Portion): 478 kcal, KH: 15 g, E: 28 g, F: 33 g

Einkaufsliste:

4 Zucchini
150 g Champignons
1 rote Paprikaschote
2 Zwiebeln
1 EL Butter
1 EL Olivenöl
100 ml Kochsahne
100 g St. Albray
2 EL Dijon-Senf
2 EL Rotweinessig
Salz
Pfeffer
50 ml Gemüsebrühe

So wird's gemacht:

1. Zucchini putzen, waschen und mit dem Spiralschneider in Spaghettiform schneiden. Salzen und beiseitestellen.
2. Pilze putzen, waschen und trocknen. In feine Streifen schneiden. Paprika putzen, waschen und würfeln. Zwiebeln schälen und fein hacken.
3. Butter in einer Pfanne erhitzen und die Pilze darin goldbraun anbraten (ca. 5–6 Min.). Beiseitestellen.
4. Olivenöl in einer Pfanne erhitzen und die Paprika zusammen mit den Zwiebeln darin anrösten (ca. 4–5 Min.). Beiseitestellen.
5. Die Sahne in einem Topf erhitzen. Den St. Albray-Käse entrinden und in Stücken hinzugeben. Schmelzen lassen. Senf und Rotweinessig unter die Käsesoße ziehen und ca. 5 Min. einkochen lassen.
6. Pilze, Paprika und Zwiebeln in die Soße geben und alles gut verrühren. Mit Salz und Pfeffer abschmecken. (Die Soße schmeckt sehr intensiv! Das wird später allerdings von den Zucchini abgefangen.)
7. Unterdessen die Zoodles in einer anderen Pfanne mit der Gemüsebrühe 4–5 Min. gar ziehen lassen. Abtropfen.
8. Die Zoodles auf Tellern anrichten. Die Soße darübergeben und servieren.

Zoodles mit Lauch-Gruyère-Soße

Ergibt: 4 Portionen * Zubereitung: 35 Min.
Nährwerte (pro Portion): 603 kcal, KH: 12 g, E: 43 g, F: 40 g

Einkaufsliste:
4 Zucchini
1–2 Stangen Lauch
2 Peperoncini
1–2 Knoblauchzehen
150 g roher Schinken
125 g Gruyère
2 EL Olivenöl
200 ml Hühnerbrühe
200 ml Kochsahne
2–3 EL Tafelmeerrettich (aus dem Glas)
2 EL Zitronensaft
Salz
Pfeffer

So wird's gemacht:

1. Zucchini putzen, waschen und mit dem Spiralschneider in Spaghettiform schneiden. Salzen und beiseitestellen.
2. Lauch und Peperoncini waschen, putzen und in feine Ringe schneiden. Knoblauch schälen und fein hacken. Schinken in Würfel schneiden. Gruyère reiben.
3. Öl in einer Pfanne erhitzen und den Lauch 2–3 Min. andünsten. Schinkenwürfel, Peperoncini und Knoblauch hinzugeben und weitere 2–3 Min. anbraten.
4. Hühnerbrühe und Sahne angießen. Meerrettich, Zitrone und Zoodles hinzugeben. Ca. 5 Min. köcheln lassen.
5. Gruyère in die Soße geben. Unter ständigem Rühren zum Schmelzen bringen. Mit Salz und Pfeffer abschmecken und servieren.

Zoodles mit Thymian-Ziegenkäse-Soße

Ergibt: 2–3 Portionen * Zubereitung: 25 Min.
Nährwerte (pro Portion): 357 kcal, KH: 5 g, E: 26 g, F: 23 g

Einkaufsliste:
2–3 Zucchini
2 Schalotten
1 Knoblauchzehe
4–6 Scheiben roher Schinken
1 EL Olivenöl
80 ml Weißwein (trocken)
1 EL Thymianblättchen
70 g Pecorino
100 g Ziegenfrischkäse
Salz
Pfeffer

So wird's gemacht:

1. Zucchini putzen, waschen und mit dem Spiralschneider in Spaghettiform schneiden. Salzen und beiseitestellen.
2. Schalotten und Knoblauch schälen und fein hacken. Den Schinken in kleine Stücke schneiden.
3. Öl in einer Pfanne erhitzen und die Zwiebeln darin 3–4 Min. anschwitzen. Schinken hinzugeben und kurz mitdünsten (2 Min.). Knoblauch und Zoodles in die Pfanne geben und 2 Min. mit andünsten.
4. Den Weißwein angießen, Thymian hinzugeben und alles 4 Min. einkochen lassen. Gelegentlich umrühren.
5. Unterdessen den Pecorino fein reiben. Zusammen mit Ziegenfrischkäse in die Pfanne einrühren, bis eine cremige Soße entsteht.
6. Die Zoodles mit Salz und Pfeffer abschmecken und servieren.

Leckere Pestos

Karottennudeln mit Paprika-Limetten-Pesto

Ergibt: 2 Portionen * Zubereitung: 20 Min.
Nährwerte (pro Portion): 419 kcal, KH: 12 g, E: 3 g, F: 38 g

Einkaufsliste:
2 Karotten
½ grüne Paprikaschote
1 grüne Pfefferschote
½ Bio-Limette
½ Bund Koriander
1 Knoblauchzehe
5 EL Olivenöl
50 ml Gemüsebrühe
Salz

So wird's gemacht:

1. Karotten waschen, putzen und spiralisieren.
2. Paprika- und Pfefferschote waschen, putzen und in grobe Würfel schneiden. Limette schälen. Koriander grob hacken. Knoblauch schälen und fein hacken. Alles zusammen mit dem Olivenöl in einen Mixer geben und cremig mixen. Mit Salz abschmecken.
3. Karottennudeln in einer Pfanne mit der Gemüsebrühe 5–7 Min. gar ziehen lassen. Die fertigen Nudeln auf einem Teller anrichten. Das kalte Pesto darübergeben und servieren.

Nicht erschrecken: Das Paprika-Limetten-Pesto selbst schmeckt ein wenig bitter, was durch die Süße der Karottennudeln jedoch perfekt ausgeglichen wird. Das Pesto eignet sich auch hervorragend als Dip. Zum Beispiel für Karottensticks.

Foto siehe Seite 49

Kürbisnudeln mit Rucola-Mandel-Pesto

Ergibt: 3 Portionen * Zubereitung: 20 Min.
Nährwerte (pro Portion): 639 kcal, KH: 10 g, E: 16 g, F: 58 g

Einkaufsliste:
300 g Kürbis (Muskat oder Butternuss)
3 Knoblauchzehen
100 g Mandelblättchen
100 g Rucola, fein gehackt
3 EL Petersilie, fein gehackt
100 ml Olivenöl
Salz
Pfeffer
50 ml Gemüsebrühe
50 g Parmesan

So wird's gemacht:

1. Den Kürbis schälen, die Kerne entfernen und das Fleisch in große, längliche Stücke schneiden. Die Stücke spiralisieren.
2. Knoblauch schälen und fein hacken.
3. Die Mandelblättchen in einer Pfanne ohne Öl goldbraun rösten.
4. Rucola und Petersilie waschen, trocknen und grob hacken.
5. Knoblauch, Mandeln sowie Rucola und Petersilie in einen Mixer geben. Olivenöl angießen und alles mixen. Mit Salz und Pfeffer abschmecken.
6. Kürbisnudeln mit der Gemüsebrühe in einer Pfanne 2–3 Min. gar ziehen lassen. Abgießen.
7. Nudeln auf einem Teller anrichten. Das Pesto darübergeben, mit Parmesanspänen garnieren und servieren.

Zoddles mit Avocadopesto und Lachstartar

Ergibt: 2 Portionen * Zubereitung: 15 Min.
Nährwerte (pro Portion): 312 kcal, KH: 11 g, E: 16 g, F: 39 g

Einkaufsliste:

1–2 Zucchini
½ Avocado
1 Knoblauchzehe
30 g Pinienkerne
40 g Parmesan
2 TL Zitronensaft, frisch gepresst
1 EL Olivenöl
Salz
Pfeffer
50 ml Gemüsebrühe
80 g Räucherlachs

So wird's gemacht:

1. Zucchini putzen, waschen und mit dem Spiralschneider in Spaghettiform schneiden. Salzen und beiseitestellen.
2. Avocado schälen, entkernen und in einen Mixer geben. Knoblauch schälen, fein reiben und zusammen mit Pinienkernen, Parmesan, Zitronensaft und Olivenöl in den Mixer geben. Alles zu einem cremigen Pesto mixen. Mit Salz und Pfeffer abschmecken.
3. Unterdessen die Zoodles in einer anderen Pfanne mit der Gemüsebrühe 4–5 Min. gar ziehen lassen. Abgießen.
4. Den Lachs in Stücke schneiden.
5. Zoodles in das Pesto rühren und auf einem Teller anrichten. Mit Lachs garnieren und servieren.

Kürbisnudeln mit Haselnusspesto

Ergibt: 2 Portionen * Zubereitung: 20 Min.

Nährwerte (pro Portion): 448 kcal, KH: 17 g, E: 7 g, F: 37 g

Einkaufsliste:

100 g Haselnusskerne
300 g Kürbis (Muskat oder Butternuss)
2 Knoblauchzehen
1 Scheibe Toast (oder ½ Brötchen)
200 ml Hühnerbrühe
1 EL Ahornsirup
2 Stängel Oregano
4 EL Haselnussöl (oder ein anderes)
Salz
Pfeffer
Chili

So wird's gemacht:

1. Ofen auf 200 °C vorheizen. Die Haselnusskerne auf einem Backblech ca. 10 Min. rösten. Anschließend die Schale der Nüsse mit einem Küchentuch abreiben. Zerhacken.
2. Den Kürbis schälen, die Kerne entfernen und das Fleisch in große, längliche Stücke schneiden. Die Stücke spiralisieren.
3. Knoblauch schälen und fein hacken. Toast in kleine Stücke zerrupfen.
4. In einem Topf die Hühnerbrühe aufkochen. Knoblauch, Toastbrot, Ahornsirup, Oregano und Haselnüsse hinzugeben. Aufkochen und ca. 15 Min. ziehen lassen.
5. Unterdessen die Kürbisnudeln in einer Pfanne mit 2 EL Haselnussöl andünsten (ca. 2–3 Min.).
6. Anschließend die Oreganostängel aus dem Topf entfernen. Alles mit einem Stabmixer pürieren. Eventuell das restliche Öl angießen, um die Masse cremig zu bekommen. Mit Salz, Pfeffer und Chili abschmecken. Das Pesto über die fertigen Nudeln geben und servieren.

Das Pesto schmeckt auch wunderbar als Dip, zum Beispiel zu Karottensticks.

Zoodles mit rotem Pesto

Ergibt: 4 Portionen * Zubereitung: 20 Min.
Nährwerte (pro Portion): 410 kcal, KH: 8 g, E: 11 g, F: 36 g

Einkaufsliste:
4 Zucchini
40 g Pinienkerne
1 Knoblauchzehe
100 g getrocknete Tomaten (in Öl eingelegt)
50 g Parmesan
100 ml Olivenöl
½ getrocknete rote Chilischote
Salz
50 ml Gemüsebrühe

So wird's gemacht:

1. Zucchini putzen, waschen und spiralisieren. Salzen und beiseitestellen.
2. Pinienkerne in einer Pfanne ohne Öl rösten. Knoblauch schälen und zusammen mit den Pinienkernen, Tomaten, Parmesan, Olivenöl und der getrockneten Chilischote in einen Mixer geben und zu einer groben Creme verarbeiten. Eventuell mit etwas mehr Olivenöl die Konsistenz verbessern. Mit Salz abschmecken.
3. Die Zoodles in einer Pfanne mit der Gemüsebrühe 4–5 Min. gar ziehen lassen. Das Pesto hinzugeben, alles gut verrühren und servieren.

Das rote Pesto schmeckt auch hervorragend zu Karottennudeln.

Grüße aus der Küche Asiens

Teriyaki-Nudeln mit Gemüse

Ergibt: 2–3 Portionen * Zubereitung: 20 Min.
Nährwerte (pro Portion): 245 kcal, KH: 26 g, E: 6 g, F: 12 g

Einkaufsliste:

3 Karotten
1 kleine rote Paprikaschote
½ Brokkoli
4 Frühlingszwiebeln
8 Shiitake-Pilze
2 EL Sesamöl (oder anderes)
100 ml Teriyaki-Soße
Salz
Pfeffer
½ Bund Koriander, gehackt
1 EL weißer Sesam

So wird's gemacht:

1. Karotten waschen, putzen und spiralisieren. Beiseitestellen.
2. Das Gemüse waschen und putzen. Paprika würfeln. Brokkoli in kleine Röschen schneiden, Frühlingszwiebeln in Ringe schneiden. Pilze vierteln.
3. Öl in einer Pfanne erhitzen und das Gemüse 3 Min. lang andünsten. Die Teriyaki-Soße und die Karottennudeln hinzugeben und alles 5–7 Min. gar ziehen lassen. Mit Salz und Pfeffer abschmecken. Die Pfanne vom Herd nehmen und den Koriander untermischen.
4. Die fertigen Nudeln auf einem Teller anrichten. Mit Sesam und eventuell noch etwas Koriander garnieren und servieren.

Foto siehe Seite 55

Kürbis-Apfel-Nudeln mit Ingwer und Koriander

Ergibt: 2–3 Portionen * Zubereitung: 25 Min.
Nährwerte (pro Portion): 253 kcal, KH: 22 g, E: 4 g, F: 16 g

Einkaufsliste:

300 g Kürbis (Butternuss oder Muskat)
1 Zwiebel
1 Knoblauchzehe
1 süßsaurer Apfel (z. B. Jonagold)
2 El Olivenöl
10 TL Ingwer, frisch gerieben
1 EL Zitronensaft, frisch gepresst
4 TL frischer Koriander, gehackt
Salz
Pfeffer

So wird's gemacht:

1. Kürbis schälen, entkernen, in lange, große Stücke schneiden und spiralisieren.
2. Zwiebel und Knoblauch schälen und fein hacken.
3. Apfel waschen, entkernen und mit einer Küchenreibe zu Stiften verarbeiten.
4. Olivenöl in einer Pfanne erhitzen. Zwiebeln hinzugeben und 3–4 Min. anschwitzen. Knoblauch, Kürbisnudeln, Apfelstifte, Ingwer und Zitronensaft in die Pfanne geben und 3 Min. andünsten. Gelegentlich umrühren.
5. Die Pfanne vom Herd nehmen. Die Kürbis-Apfel-Nudeln mit Salz und Pfeffer abschmecken. Den gehackten Koriander untermischen. Servieren.

Sie werden überrascht sein, wie erfrischend und vitalisierend diese Kombination schmeckt.

Zoodles mit Asia-Bolognese

Ergibt: 2–3 Portionen * Zubereitung: 25 Min.
Nährwerte (pro Portion): 396 kcal, KH: 11 g, E: 25 g, F: 28 g

Einkaufsliste:
2–3 Zucchini
2 Frühlingszwiebeln
1 Knoblauchzehe
1 rote Chilischote
2 EL Sonnenblumenöl
300 g Hackfleisch (gemischt)
2 Stängel Zitronengras
50 ml Limettensaft
3 EL Sojasoße
2 EL süße Chilisoße
2 EL Minze (gehackt)
50 ml Gemüsebrühe
50 g Hüttenkäse
Salz

So wird's gemacht:

1. Zucchini putzen, waschen und mit dem Spiralschneider in Spaghettiform schneiden. Salzen und beiseitestellen.
2. Frühlingszwiebel und Knoblauch schälen und feinhacken. Chilischote fein hacken.
3. Öl in einer Pfanne erhitzen und das Hackfleisch scharf anbraten. Die Stängel Zitronengras in drei Zentimeter große Stücke schneiden und mit in die Pfanne geben. Hitze reduzieren, den Knoblauch hinzugeben und ca. 2 Min mit andünsten.
4. Limettensaft, Sojasoße, Chilischote und Chilisoße hinzugeben, alles gut miteinander verrühren und ca. 3 Min. einkochen lassen. In die fertige Bolognese Minze und Frühlingszwiebeln unterrühren.
5. Die Zoodles in einer anderen Pfanne mit der Gemüsebrühe 4-5 Min. gar ziehen lassen.
6. Zoodles auf einem Teller anrichten, die Asia-Bolognese darüber geben, mit Hüttenkäse garnieren und servieren.

Asia-Suppe mit Zoodles, Garnelen und Huhn

Ergibt: 4 Portionen * Zubereitung: 40 Min.
Nährwerte (pro Portion): 260 kcal, KH: 10 g, E: 30 g, F: 10 g

Einkaufsliste:
Für die Gewürzpaste:
2 rote Chilischoten
1 Stück Ingwer (1 cm)
2–3 Stängel Zitronengras
2–3 Knoblauchzehen
½ TL Koriandersamen
1 EL frischer Koriander, gehackt
1 TL Kurkuma
2–3 EL Sonnenblumenöl

Für die Suppe:
3 Zucchini
300 g Hühnerbrust
12 Garnelen
Saft einer Limette
500 ml Hühnerfond
400 ml Kokosmilch
2 EL Minze (gehackt)
Salz
Pfeffer

So wird's gemacht:

1. Zucchini putzen, waschen und mit dem Spiralschneider in Spaghettiform schneiden. Salzen und beiseitestellen.
2. Für die Würzpaste Chilis halbieren und entkernen. Ingwer schälen und fein hacken. Das feine Mark aus dem Zitronengras lösen und fein schneiden. Knoblauch schälen und fein hacken. Alles mit den Koriandersamen in einen Mörser geben und zerstoßen.
3. Die Masse in einen Mixer geben. Korianderblätter und Kurkuma hinzugeben. 1 EL Sonnenblumenöl angießen und alles zu einer cremigen Paste mixen. Eventuell etwas Öl nachgießen.
4. Hähnchenbrust in kleine Würfel schneiden. Garnelen schälen und putzen. Limette auspressen.
5. Topf auf den Herd stellen und heiß werden lassen. Die Hälfte der Würzpaste hinzugeben und ca. 1 Min. andünsten.
6. Hühnerfond und Kokosmilch angießen. Aufkochen. Die Hitze reduzieren und das Hähnchen in die Suppe geben. Ca. 7 Min. köcheln lassen. Die Zoodles hinzugeben und 5 Min. gar ziehen lassen. Dann die Garnelen hinzugeben und weitere 3 Min. köcheln lassen.
7. Die Suppe mit Salz, Pfeffer und Limettensaft abschmecken. In Schüsseln anrichten, mit der Minze garnieren und servieren.

Kürbisnudeln mit grünem Curry

Ergibt: 4 Portionen * Zubereitung: 40 Min.
Nährwerte (pro Portion): 196 kcal, KH: 17 g, E: 25 g, F: 3 g

Einkaufsliste:
400 g Kürbis (Butternuss oder Muskat)
400 g Hähnchenbrustfilet
2 frische rote Chilischoten
4 Kaffirlimettenblätter
2 Stängel Zitronengras
1 Stück frischer Ingwer (4 cm)
150 g Austernpilze
1 kleine Aubergine
400 ml Kokosmilch
1 TL Zucker
2 EL Fischsoße
3–4 EL Limettensaft, frisch gepresst
Salz
4 Stängel Koriandergrün

So wird's gemacht:

1. Kürbis schälen, in große, längliche Stücke schneiden und mit dem Spiralschneider in Spaghettiform schneiden. Salzen und beiseitestellen.
2. Hähnchen in 3 cm lange Streifen schneiden. Chilis waschen, entkernen und in Ringe schneiden. Limettenblätter vierteln. Zitronengras halbieren und einmal kräftig andrücken. Ingwer schälen und fein hacken. Austernpilze putzen und in Streifen schneiden. Aubergine waschen und würfeln.
3. Die Kokosmilch zusammen mit Zitronengras, Limettenblättern, Ingwer, Zucker, Fischsoße und Chilis in einem Topf geben und aufkochen. Die Hitze reduzieren und 5 Min. köcheln lassen. Fleisch, Pilze und Auberginenwürfel in den Topf geben. Einrühren. Nach 5 Min. die Kürbisnudeln hinzugeben und alles zusammen weitere 5 Min. köcheln lassen.
4. Koriander waschen, trocken schütteln und fein hacken. Das Curry mit Limettensaft und Salz abschmecken. Mit Koriander garnieren und servieren.

Was wollen Sie gern essen? – Der kleine Geschmacks-Index

Etwas, das immer schmeckt – Klassiker für jeden Tag

Etwas, das ich noch nie gegessen habe – exotische Küche

Etwas, das mich richtig satt macht – gehaltvolle Küche

Etwas, das leicht schmeckt – Sommerküche

Etwas, das mir nach dem Sport gut tut – Kraftkücke

Etwas, mit intensivem Geschmack – Charakterküche

Etwas, das mich bei Schietwetter wärmt – Behagliche Küche